Mentes abiertas:
todo es posible.

Autor: Rebecca Wilson Macsovits
Creativa: Milena Kirkova

Library of Congress # 2 0 1 9 9 2 0 3 5 9

es una marca registrada de Harking, LLC.
Derechos de autor Harking, LLC 2023.
Reservados todos los derechos.

Autor : Macsovits, Rebecca
ISBN : 979-8-3507-0252-1

www.curiousbeings.org

G., H., y R.—
Ver el mundo a través de tu ojos
no ha hecho más que enriquecer los míos.
¡Gracias por ser como eres!

Guion

EL LEÓN

POR

REBECCA WILSON MACSOVITS

"¡Rae! ¡Despierta!
Tienes que ver esto",
exclamó Guion, el león.

En voz baja, Rae, el gálago,
murmuró: "No se me ocurre
NINGUNA razón para estar
emocionada ahora mismo".

"¡Ta-rán! Guion entrecerró los ojos,
inclinó la cabeza y extendió los brazos.

"El reino se prepara para la batalla
contra el dragón feroz. No podía
dejar que mi mejor amiga se
perdiera esta ocasión épica".

"¿En serio, Guion? ¿Me despertaste para esto?", gritó Rae. "Un feo montículo de tierra marrón que no puedo ver alrededor. ¡Oh, genial! Veo que las termitas están trabajando duro para hacer esta monstruosidad aún más grande.

"Y ese temible 'dragón' no es más que Wilson, la jirafa, masticando con la boca abierta. Creo que necesitas que te revisen la vista".

Guion miró hacia el castillo y se quedó pensativo.
Sonriendo, dijo: "¡Sé exactamente qué mostrarte
Rae! ¡Vamos!".

Wilson había escuchado a sus
amigos y se detuvo a echar un
vistazo. Entrecerró los ojos,
ladeó la cabeza y entonces
oyó al caballero decir:
"Hola, jirafa. ¿Buscas
pasar sobre nuestro reino?".

Decidido a compartir su diversión, Guion guió
a Rae hasta el abrevadero. Con la ayuda de
una larga caña y ladeando la cabeza, Guion
contempló el paisaje submarino.

"Acabamos de descubrir la Venganza de la
Reina Ana comandada por el capitán Barbanegra.
¡Oh, mira! No somos los primeros: las sirenas
están jugando al escondite en el barco".

Ansiosa por ver el barco pirata por sí misma,
Rae agarró la caña. Después de un momento,
Rae levantó la cabeza y gimió:

"¿De qué estás hablando?
¡No hay ningún barco! Solo
son Hoke, el hipopótamo,
y sus colegas remojándose
en un montón de hierbajos".

"Vamos a llevarte a la sombra, Guion". Rae suspiró.
"El calor se te ha subido a la cabeza".

No dispuesto a rendirse, Guion gritó:
"¡Sigue, Rae! Probemos en otro sitio".

Mientras Rae y Guion salían
corriendo, Hoke cogió una
caña y ladeó la cabeza como
había visto hacer a Guion.
Sonrió ampliamente ante
las maravillas que vio.

Cuando los dos amigos se adentraron en la sabana,
Guion se detuvo rápidamente, entrecerró los ojos
e inclinó la cabeza. "No te asustes, Rae.
Estos son dinosaurios amistosos,
no te comerán… hoy", se rio.

"¡Guau! Mira ese *T. rex*",
gritó Guion.

Rae se frotó los ojos y miró el paisaje que le resultaba familiar. Frustrada, gimió: "¿Qué dinosaurios? Todo lo que veo son unos grandes árboles y Olivia, la avestruz, sentada en su nido".

Desanimado, Guion se rascó la cabeza y se alejó ensimismado.

No queriendo decepcionar a su amigo, Rae pensó en lo que había pasado aquel día. ¿Por qué no podía ver el castillo o las sirenas? Entonces recordó que Guion había entrecerrado los ojos e inclinado la cabeza cada vez. Podría intentarlo.

Rae entrecerró los ojos e inclinó la cabeza. ¿Era una nube de humo en la cima de la montaña? Cuando vio al terrorífico *T. rex*, lo supo con certeza.

Dando saltos, exclamó: "¡Santo cielo! ¡Ya lo veo!". Y fue lo más impresionante que había visto nunca.
Rae no podía esperar a contárselo a Guion.

Rae encontró a su amigo sentado
solo. "Oye Guion, ¿qué ves ahora?".

Guion se volvió hacia ella y respondió:
"Una bonita puesta de sol. ¿Verdad?".

Rae negó lentamente con la cabeza y dij "No".

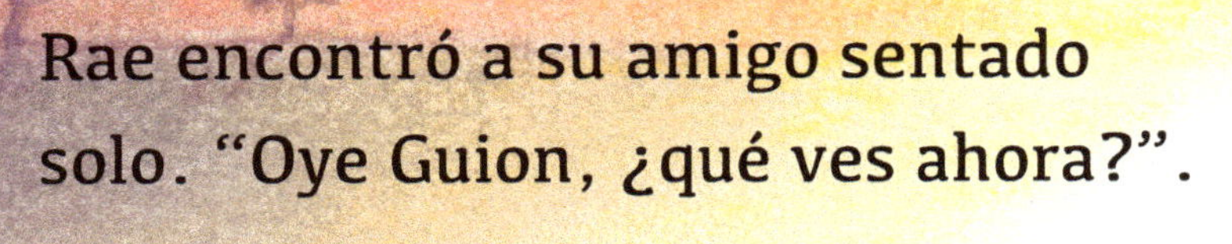

"¡No es bonita, es fantabulosa!",
exclamó Rae. "¡Mira la rueda de la fortuna!".

"Y las enormes carpas de circo",
añadió Wilson, la jirafa, mientras
caminaba detrás de ellos.

"¡Quiero ganar uno de esos premios!",
intervino Hoke, el hipopótamo.

"¡Y casi puedo saborear el algodón de azúcar!", gritó Olivia, la avestruz.

Guion miró a sus amigos y una enorme sonrisa se dibujó en su rostro.

"¡Y los fuegos artificiales son increíbles!", gritó.

Los amigos se recostaron para ver cómo
los últimos colores se desvanecían
en el oscuro cielo de la sabana.

"¡No puedo esperar
a ver qué nos traerá
mañana!", susurró Rae.

Guion abrazó a su amiga
y asintió: "Hay mucho que ver".

"Cambia tu forma de ver las cosas,
y las cosas que ves cambiarán".
Dr. Wayne Dyer

Fin.

¡HABLEMOS!

Preguntas sobre el libro

- ¿Qué te gusta del personaje GUION?

- Qué te gusta del personaje RAE?

- ¿Qué pensaste cuando viste el punto de vista de GUION? ¿Cómo te hizo sentir? ¿Qué te hizo sentir así?

- ¿Qué pensaste cuando viste la perspectiva de RAE de la escena? ¿Cómo te hizo sentir? ¿Qué te hizo sentir así?

- ¿Cómo crees que se sintió GUION cuando RAE no pudo ver su punto de vista?

- ¿Has experimentado algo parecido? ¿Cómo te hizo sentir?

- Cuando RAE pudo ver al *T. rex*, ¿cómo te sentiste?

- Cuando observas el nido de termitas, el abrevadero o la sabana, ¿qué más puedes ver?

- Wilson, la jirafa, y Hoke, el hipopótamo, también tenían curiosidad. ¿Qué es lo que vieron? ¿Te sorprendió lo que vieron?

- ¿Por qué crees que RAE seguía intentando ver lo que GUION quería mostrarle?

- GUION ve el mundo desde un punto de vista creativo. Piensa en un lugar de tu mundo cotidiano. ¿Qué crees que podría ver GUION?

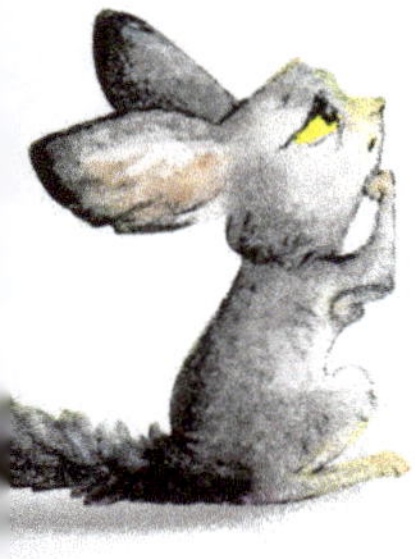

JUGUEMOS!

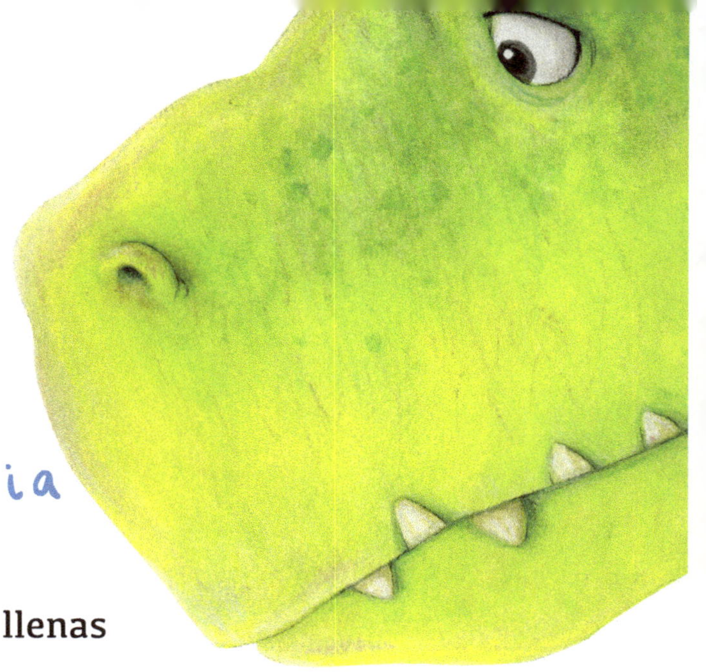

Actividades para la familia

- **ESPÍO EN LAS NUBES**: Las nubes están llenas de formas e imágenes divertidas, mira al cielo y usa tu imaginación para transformar las nubes en dibujos.

- **GARABATO AÑADIDO**: Una persona dibuja un garabato en un papel. Cada persona del grupo añade algo al garabato y lo pasa a la siguiente hasta que se forma un dibujo.

- **ARTE GARABATEADO**: Una persona dibuja un garabato. Cada persona del grupo traza el mismo garabato. A continuación, cada uno hace su propio dibujo a partir del garabato. Comparte tu arte con los demás. ¿En qué se parecen? ¿En qué se diferencian los dibujos?

- **COMPLEMENTO DE LA HISTORIA**: Una persona comienza la historia diciendo unas líneas. La siguiente persona amplía la historia diciendo "sí, y" y luego lleva la trama por donde quiera. Cada persona del grupo toma al menos un turno. La historia termina cuando el grupo lo decide. Si el grupo es grande, puede establecer un límite de tiempo para cada jugador.

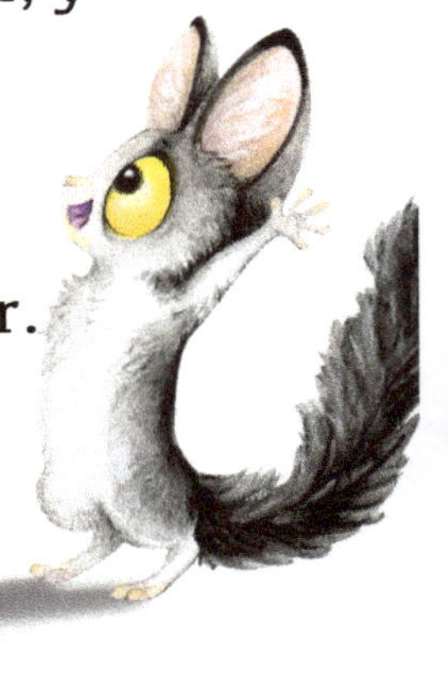